Conrad K. Butler

DIE WELT DER LASTWAGEN

Ashok Leyland

ASHOK LEYLAND

ASHOK LEYLAND
1515 HE

Avia

IN DER ZWEITEN HÄLFTE DER 1960ER-JAHRE ROLLTEN IM AVIA-WERK IN PRAG (TSCHECHISCHE REPUBLIK) KLEINLASTER MIT DEN SYMBOLEN A15 UND A30 VOM BAND. DIE PRODUKTION NEUER LIZENZMODELLE IM PRAGER WERK BEGANN 1968, SIE WAR DAS ERGEBNIS EINES EIN JAHR ZUVOR ZWISCHEN DEN TSCHECHOSLOWAKISCHEN BEHÖRDEN UND DEM FRANZÖSISCHEN KONZERN SAVIEM UNTERZEICHNETEN LIZENZVERTRAGS. DAS WERK SELBST WAR VOR DEM KRIEG EIN BEKANNTER HERSTELLER VON FLUGZEUGEN UND FLUGMOTOREN. 2019 FEIERTE AVIA SEIN 100-JÄHRIGES BESTEHEN, DOCH DER ZUSTAND DER ANLAGEN IST NICHT DER BESTE UND IHR ÜBERLEBEN STEHT NUN AUF DEM SPIEL.

BELAZ

BelAZ

BELAZ IST EINE WEISSRUSSISCHE FABRIK, DIE 1948 GEGRÜNDET WURDE. NACH DEM ZUSAMMENBRUCH DER SOWJETUNION MUSSTE SICH DAS UNTERNEHMEN AN DAS SICH ÄNDERNDE WIRTSCHAFTLICHE UMFELD ANPASSEN. UM DIE PRODUKTPALETTE ZU ERWEITERN, BEGANN MAN MIT DER PRODUKTION NEUER PRODUKTE FÜR DEN STRASSENBAU UND DIE METALLURGISCHE PRODUKTION. BELAZ-FAHRZEUGE ERLANGTEN VOR ALLEM IN VIETNAM UND NORDAFRIKA EINEN GUTEN RUF.

DAF

DAF IST EIN NIEDERLÄNDISCHER HERSTELLER VON LKW UND BUSSEN. DER NAME DAF STEHT FÜR DOORNE'S ANHANGWAGEN FABRIEK. 1938 BEGANN DIE PRODUKTION VON LASTWAGEN FÜR DIE ARMEE UND NACH DEM KRIEG WURDEN ZIVILE LASTWAGEN UND BUSSE HERGESTELLT. 1957 PRODUZIERTEN SIE DEN ERSTEN LKW MIT FAHRERBETT, UND IN DEN 1970ER JAHREN INSTALLIERTEN SIE EINEN MOTOR, DER MIT EINEM TURBOLADER IN KOMBINATION MIT EINEM LADELUFTKÜHLER AUSGESTATTET WAR ZUM ERSTEN MAL.

FAP

FAP IST EIN JUGOSLAWISCHER UND SPÄTER SERBISCHER HERSTELLER VON LKW, BUSSEN UND ANHÄNGERN MIT SITZ IN PRIBOJ, SERBIEN. DAS UNTERNEHMEN WURDE 1953 GEGRÜNDET UND BIS ENDE DES JAHRES PRODUZIERTE FAP DREIZEHN 4G- UND 6G-LKW IN LIZENZ VON SAURER. ES IST DER GRÖSSTE LKW-HERSTELLER IN SERBIEN. ES PRODUZIERT MEHRERE MODELLE MIT EINER TRAGFÄHIGKEIT VON 10 BIS 32 TONNEN MIT MOTOREN VON 120 BIS 380 PS UND 4X2 BIS 8X8 ANTRIEB.

FAW

FAW (FIRST AUTOMOBILE WORKS) IST EIN CHINESISCHER AUTOMOBILHERSTELLER, DER 1953 IN CHANGCHUN GEGRÜNDET WURDE, WO DAS WERK IM JULI 1956 MIT DER PRODUKTION VON JIEFANG CA-10-LASTWAGEN BEGANN. FAW PRODUZIERT AUTOS IN KLEINEN STÜCKZAHLEN, VON BUSSEN BIS ZU LASTWAGEN. DIE PRODUKTION VON SCHWEREN FAW-LKW IM JAHR 2020 ÜBERSTIEG DIE PRODUKTION ALLER LKW DES DAIMLER-KONZERNS. UND OBWOHL DIES ZUNÄCHST NUR ALS VORÜBERGEHENDE ÄNDERUNG ANGESEHEN WURDE, BLIEB DER CHINESISCHE HERSTELLER VORNE.

YGN 4A-9622
FAW
Scuderia SCRIVANTE
Scrivante Concrete
500HP

Ford

FORD IST EIN AMERIKANISCHES UNTERNEHMEN, DAS AUTOS, LIEFERWAGEN UND LASTWAGEN HERSTELLT. ES WURDE VON EINER DER WICHTIGSTEN PERSÖNLICHKEITEN IN DER GESCHICHTE DER AUTOMOBILINDUSTRIE – HENRY FORD – 1903 IN DETROIT GEGRÜNDET. 1948 WURDE EINE NEUE REIHE VON LIGHT TRUCKS UND PICK-UPS MIT DEM CODENAMEN F EINGEFÜHRT, DIE SPÄTER ZU DEN BELIEBTESTEN AMERIKANISCHEN LIGHT TRUCKS WURDEN. HEUTE IST FORD DER ZWEITGRÖSSTE FAHRZEUGHERSTELLER IN DEN USA UND DER FÜNFTGRÖSSTE DER WELT.

BEIQI FOTON MOTOR IST EIN CHINESISCHES AUTOMOBILUNTERNEHMEN, DAS 1996 GEGRÜNDET WURDE UND SEINEN HAUPTSITZ IN PEKING HAT. MIT EINEM GESCHÄFTSUMFANG, DER EINE VOLLSTÄNDIGE REIHE VON NUTZFAHRZEUGEN ABDECKT, EINSCHLIESSLICH MITTELSCHWERER UND SCHWERER LASTKRAFTWAGEN, LEICHTER LASTKRAFTWAGEN, LIEFERWAGEN, PICKUPS UND BAUMASCHINEN, UND EINEM GESAMTPRODUKTIONS- UND VERKAUFSVOLUMEN VON ETWA 9.000.000 FAHRZEUGEN. DAS „BRILLIANT DIAMOND"-LOGO VON FOTON WIRD MIT EINEM FUNKELNDEN DIAMANTEN VERGLICHEN, WAS AUF FOTONS ENGAGEMENT FÜR TECHNOLOGISCHE INNOVATION, FÜRSORGE FÜR MENSCHEN UND DIE SCHÖNHEIT DER HARMONIE HINDEUTET.

Freightliner

FREIGHTLINER IST EIN AMERIKANISCHES UNTERNEHMEN DER AUTOMOBILINDUSTRIE, DAS LKW HERSTELLT UND TEIL DES KONZERNS DER DAIMLER AG IST. DAS UNTERNEHMEN HAT SEINEN HAUPTSITZ IN PORTLAND, OREGON. DAS UNTERNEHMEN WURDE 1942 GEGRÜNDET. HEUTE IST FREIGHTLINER EINER DER FÜHRENDEN LKW-VERKÄUFER IN AMERIKA, WOBEI SEINE FAHRZEUGE EINEN BEDEUTENDEN ANTEIL AM GESAMTMARKT AUSMACHEN.

GMC

GMC

GMC ist ein amerikanisches Unternehmen, das Sport Utility Vehicles, Geländewagen und Lastwagen herstellt. Die Ursprünge der Marke gehen auf das Jahr 1902 zurück, als die Rapid Motor Vehicle Company von Maks Grabowski, einem der ersten LKW-Hersteller, gegründet wurde. General Motors kaufte die Marke 1909 und drei Jahre später wurde die neue Marke GMC Truck auf der New York Motor Show vorgestellt. Während des Krieges war ihr CCKW-Modell (mit einer Tragfähigkeit von bis zu 2,5 Tonnen!) einer der Basislastwagen der amerikanischen Armee. Lange trugen die Modelle solche Markierungen auf der Karosserie, bis schließlich 1996 beschlossen wurde, das Wort Truck aus dem Namen zu streichen.

USA
4491306
IOIAB506
1977
LOW MILEAGE
GMC
POISON

HINO MOTORS IST EIN JAPANISCHER HERSTELLER VON BUSSEN UND LASTWAGEN, DER ZUR TOYOTA MOTOR CORPORATION-GRUPPE GEHÖRT UND AM 1. MAI 1942 GEGRÜNDET WURDE. NACH DEM ZWEITEN WELTKRIEG BEGANN HINO MIT DER PRODUKTION VON TRAKTOREN UND LASTKRAFTWAGEN, UND 1950 WURDE DER ERSTE TROLLEYBUS DES UNTERNEHMENS VORGESTELLT. 1962 ERFOLGTE DER ERSTE EXPORT VON FAHRZEUGEN DIESER MARKE NACH THAILAND. HINO IST SEIT JAHREN MARKTFÜHRER IM VERTRIEB VON MITTELSCHWEREN UND SCHWEREN LKW IN VIELEN ASIATISCHEN LÄNDERN.

Hyundai

HYUNDAI IST EIN SÜDKOREANISCHER AUTOMOBILKONZERN. SEINE URSPRÜNGE GEHEN AUF DAS JAHR 1947 ZURÜCK, ALS CHUNG JU-YUNG HYUNDAI ENGINEERING AND CONSTRUCTION (DAMALS DAS GRÖSSTE BAUUNTERNEHMEN) GRÜNDETE. ERST 20 JAHRE SPÄTER WURDE DIE HYUNDAI MOTOR COMPANY GEGRÜNDET AUTOS UND LASTWAGEN ZU PRODUZIEREN. DER NAME BEDEUTET MODERNITÄT IN DER MUTTERSPRACHE (HYEONDAE), UND DAS LOGO SYMBOLISIERT EINEN HÄNDEDRUCK ZWEIER PERSONEN. DAS UNTERNEHMEN ENTWICKELT UND MODERNISIERT SEINE FAHRZEUGPALETTE STÄNDIG UND KONZENTRIERT SICH DABEI VOR ALLEM AUF DEREN STÖRUNGSFREIEN BETRIEB. IN VIELEN FÄLLEN ÜBERTRIFFT ES SEINE KONKURRENTEN AUS EUROPA ODER DEN VEREINIGTEN STAATEN INSOFERN.

Isuzu

Isuzu ist ein japanisches Automobilunternehmen mit Hauptsitz in Tokio. Es ist eine der ältesten japanischen Marken und seine Ursprünge reichen bis ins Jahr 1916 zurück, als zwei Unternehmen einen Autoproduktionsplan erstellten und ein Jahr später eine Zusammenarbeit mit dem britischen Wolseley einrichteten. Derzeit produziert es unter seinem Logo Pick-ups, Geländewagen und Lastwagen, aber die Isuzu-Fabriken produzieren auch Dieselmotoren, mit denen GM seine Modelle ausstattet.

IVECO

Iveco

IVECO IST EINE ITALIENISCHE MARKE, DIE TRANSPORTER, LASTWAGEN UND BUSSE HERSTELLT. ES ENTSTAND 1975 DURCH DEN ZUSAMMENSCHLUSS VON 5 UNTERNEHMEN AUS 3 LÄNDER: DEUTSCHLAND (MAGIRUS DEUTZ), ITALIEN (FIAT VEICOLI INDUSTRIALI, OM, LANCIA VEICOLI SPECIALI) UND FRANKREICH (UNIC). IHR ERSTES GEMEINSAMES UND BELIEBTESTES MODELL WAR DER DAILY, DER 1981 AUF DEN MARKT KAM, GEFOLGT VOM TURBO-MODELL UND DANACH VOM TURBOSTAR. IVECO HAT GROSSE ERFOLGE AUF DEM EUROPÄISCHEN MARKT ERZIELT. NEBEN DEM DAILY VERDIENTE DAS UNTERNEHMEN AUCH VIEL GELD MIT DEM MODELL EUROCARGO, DAS 1991 IN DEN HANDEL KAM UND SEIT 2008 DIE DRITTE GENERATION DIESES MODELLS PRODUZIERT. ES WIRD IN ÜBER NEUNZIG LÄNDERN VERKAUFT UND HAT ZAHLREICHE AUSZEICHNUNGEN ERHALTEN.

Kenworth

DIE MARKE KENWORTH WURDE 1923 IN SEATTLE (DER
NORDWESTLICHEN ECKE DER USA) AUF ANREGUNG VON
GEORGE T. GERLINGER GEGRÜNDET, DER IN FRÜHEREN
JAHREN DIE FIRMA GERLINGER MOTORS LEITETE. AN DER
GRÜNDUNG DES UNTERNEHMENS WAREN AUCH HARRY KENT
UND EDGAR WORTHININGTON BETEILIGT, AUS DEREN NAMEN
DER NAME DIESES HERSTELLERS ENTSTAND (KEN+WORTH).
DAS UNTERNEHMEN ENTWICKELTE SICH SCHNELL ZU EINEM
GESCHÄTZTEN HERSTELLER VON LKW, BUSSEN UND
FEUERWEHRFAHRZEUGEN UND ERLEBTE NACH DEM
ZWEITEN WELTKRIEG EINE BESONDERS RASANTE
ENTWICKLUNG. ERWÄHNENSWERT IST, DASS KENWORTH 1945
TEIL DES KONZERNS PACCAR (PACIFIC CAR AND FOUNDRY
COMPANY) WURDE, ZU DEM DERZEIT DER NIEDERLÄNDISCHE
DAF UND AUCH DER AMERIKANISCHE PETERBILT GEHÖREN.

KrAZ

Es ist ein LKW-Hersteller mit Sitz in Kremenchuk, Ukraine. Einer der ersten LKW war der KrAZ-219 mit einem Siebenliter-180-PS-Motor vom Typ JaAZ-206. Nach dem Zusammenbruch der UDSSR und der Entstehung der unabhängigen Ukraine kamen schwierige Zeiten für die Fabrik. 1991 wurde die Handelsgesellschaft KrAZ gegründet. Neue Modelle debütierten KrAZ-6510-Muldenkipper und KrAZ-65032I-20-Tonnen-LKW. 2006 rollte das 800.000ste Fahrzeug vom Band. Im Jahr 2009 begann die Produktion von LKW des neuen Typs KrAZ C20.2 6XL.

KRAZ

Mack

MACK TRUCKS IST EIN HERSTELLER VON AMERIKANISCHEN TRUCKS. DAS UNTERNEHMEN PRODUZIERT BAUFAHRZEUGE, ABER AUCH FAHRZEUGE FÜR LANGE STRECKEN. MACK MACHTE SICH VOR ALLEM WÄHREND DES ERSTEN WELTKRIEGS EINEN NAMEN. UNGEFÄHR 1.600 MACK AC-EINHEITEN WURDEN NACH FRANKREICH VERSCHIFFT, WO DER 6-TONNEN-LKW WEGEN SEINER WIDERSTANDSFÄHIGKEIT DEN SPITZNAMEN „BULLDOG" ERHIELT, WODURCH DAS SYMBOL DER MARKE ENTSTAND, UND ERST 1922 WURDE ER ALS LOGO ÜBERNOMMEN. DERZEIT SIND DIESE TRUCKS DIE BELIEBTESTEN IN DEN USA.

MACK
Mack Trucks Academy
MACK
34
798753

MAN

ES IST EIN DEUTSCHES UNTERNEHMEN MIT SITZ IN
MÜNCHEN. EINES DER WICHTIGSTEN UNTERNEHMEN,
DAS LASTWAGEN, BUSSE, LIEFERWAGEN, MOTOREN
UND INDUSTRIEAUSRÜSTUNG HERSTELLT, DAS VIELE
BETEILIGUNGEN AN UNTERNEHMEN AUF DER GANZEN
WELT HÄLT. HEUTE PRODUZIERT DAS UNTERNEHMEN
VIELE INNOVATIVE BUSSE, LASTWAGEN UND MEHR.

M · AN 2884
Landshut
Freising
München
Arena
Messe/ICM
Nürnberg
MAN
MAN
M · AN 640
THE NEW MAN TGX INDIVIDUAL LION
Simply my truck
INDIVIDUAL S

MAZ

MAZ, D.H. MINSKI AUTOMOBILNY ZAWOD, IST EIN WEISSRUSSISCHER HERSTELLER VON LASTKRAFTWAGEN, BUSSEN UND TROLLEYBUSSEN (1995-2001 LIZENZIERT VON NEOPLAN) SOWIE ANHÄNGERN UND SATTELAUFLIEGERN MIT SITZ IN MINSK, DER SEIT 1944 BESTEHT UND SEIT 1947 PRODUZIERT. EINE INTERESSANTE TATSACHE IST DASS MAZ IN DEN 80ER JAHREN DAS SOGENANNTE SOLO MIT EINEM VORDEREN DREHGESTELL ENTWICKELTE, DAS IN DIE RADKÄSTEN UND DIE STOSSSTANGE INTEGRIERT WAR, SICH ABER BEIM WENDEN OHNE KABINE DREHTE. DAS GANZE WAR EIN BISSCHEN WIE DAS VERHALTEN VON LOKOMOTIVEN. DER FAHRER BEDIENTE DIE RÄDER NICHT ALLEINE (DIE IMMER IN DEN RADHÄUSERN VERSTECKT WAREN), SONDERN DAS GESAMTE MODUL WURDE UNTER SICH GEPACKT (ZWEITES FOTO).

AUTOEXPORT
МАЗ
8320 МИЛ

Mercedes

DIE DEUTSCHE AUTOMARKE DES KONZERNS DAIMLER AG. UNTER DEM DREIZACKIGEN STERN WERDEN PKW, TRANSPORTER, LKW UND BUSSE PRODUZIERT. DIE ANFÄNGE GEHEN AUF DAS JAHR 1883 ZURÜCK, ALS KARL BENZ, MAX ROSE UND FREDRICH W. ESSLINGER DIE BENZ & CO. GRÜNDETEN. DER NAME MERCEDES LEITET SICH VOM NAMEN MERCEDES JELLINEK AB, TOCHTER VON EMIL JELLINK, VERTRETER VON DAIMLER. DURCH DIE VERÄNDERUNGEN IN DER DEUTSCHEN WIRTSCHAFT TRAFEN SICH DIE WEGE DER FIRMEN BENZ UND DAIMLER UND 1926 WURDE DIE FIRMA DAIMLER–BENZ OFFIZIELL GEGRÜNDET. MERCEDES ZEICHNET SICH VOR ALLEM DURCH QUALITÄT, INNOVATION UND SICHERHEIT AUS UND GILT DESHALB ALS EINER VON IHNEN DIE RENOMMIERTESTEN MARKEN DER WELT.

Mitsubishi

MITSUBISHI IST EIN JAPANISCHES UNTERNEHMEN GEGRÜNDET 1870 VON YATARO IWASAKI. IN DER LUFTFAHRT, VERTEIDIGUNG UND WORAN WIR AM MEISTEN INTERESSIERT SIND – DER AUTOMOBILINDUSTRIE. DER NAME BEDEUTET AUF JAPANISCH „3 DIAMANTEN" UND SPIEGELT DIES IN SEINEM LOGO WIDER. IM JAHR 2011 WAR MITSUBISHI MOTORS GEMESSEN AN DER PRODUKTION DER SECHSTGRÖSSTE JAPANISCHE AHRZEUGHERSTELLER UND DER SECHZEHNTGRÖSSTE HERSTELLER DER WELT.

NAVISTAR

Navistar

NAVISTAR IST EINER DER WELTWEIT FÜHRENDEN HERSTELLER VON LKW, BUSSEN UND MOTOREN. DAS UNTERNEHMEN WURDE 1902 GEGRÜNDET UND HAT SEINEN HAUPTSITZ IN LISLE, ILLINOIS. DANK INNOVATIVER TRUCKS WIE Z DIE PROSTAR-SERIE, DIE NEUE MASSSTÄBE SETZT SOWOHL IN BEZUG AUF DIE AERODYNAMIK ALS AUCH AUF DIE KRAFTSTOFFEFFIZIENZ IST DAS GESCHÄFT DES UNTERNEHMENS ERHEBLICH GEWACHSEN.

Peterbilt

PETERBILT IST EIN AMERIKANISCHES UNTERNEHMEN AUS DER AUTOMOBILINDUSTRIE, DAS LASTWAGEN HERSTELLT UND ZUR PACCAR-GRUPPE GEHÖRT. DAS UNTERNEHMEN HAT SEINEN HAUPTSITZ IN DENTON, TEXAS. 1939 BEGANN DIE PRODUKTION VON PETERBILT TRUCKS. IM ERSTEN BETRIEBSJAHR WURDEN 11 FAHRZEUGE PRODUZIERT UND IM NÄCHSTEN – 82. DERZEIT IST DIESER HERSTELLER EIN FÜHRENDER AKTEUR AUF DEM AMERIKANISCHEN MARKT. DAS LEGENDÄRE UNTERNEHMEN HAT WELTWEIT VIELE FANS, BESONDERS IN DEN USA.

579 EV
ZERO EMISSIONS
Peterbilt
BN-FG-62

Renault

EINE FRANZÖSISCHE AUTOMOBILMARKE, DIE AUTOS UND LASTWAGEN HERSTELLT. DAS UNTERNEHMEN WURDE 1899 VON DEN BRÜDERN LOUIS, FERNAND UND MARCEL RENAULT GEGRÜNDET. RENAULT TRUCKS IST IN 100 LÄNDERN AUF 5 KONTINENTEN VERTRETEN. FAHRZEUGENTWICKLUNG UND -PRODUKTION SIND IN FRANKREICH UND SPANIEN KONZENTRIERT. NEBEN LKW UND DIESELMOTOREN WERDEN AUCH MILITÄRFAHRZEUGE PRODUZIERT.

RENAULT TRUCKS Z.E.
#SwitchToElectric
ZE

Roman

ROMAN IST EIN RUMÄNISCHER BUS- UND LKW-HERSTELLER MIT SITZ IN BRASOV, RUMÄNIEN. 1954 BRACHTE DAS WERK DIE ERSTE ZIS-LIZENZIERTE ANLAGE AUF DEN MARKT SR 101-LASTWAGEN. IM JAHR 2000 FEIERTE DIE CREW DIE PRODUKTION DES 750.000STEN LKW. DERZEIT WERDEN KOMMUNALFAHRZEUGE, TANKFAHRZEUGE, MULDENKIPPER, FORSTFAHRZEUGE, KRÄNE, FEUERWEHR- UND MILITÄRFAHRZEUGE HERGESTELLT.

Scania

SCANIA IST EIN SCHWEDISCHES UNTERNEHMEN, DAS LKW, SATTELZUGMASCHINEN, BUSSE UND DIESELMOTOREN HERSTELLT. DAS UNTERNEHMEN WURDE 1891 GEGRÜNDET IN MALMÖ.
DER MARKENNAME KOMMT VON LAND IN SCHWEDEN. BALD BEGANNEN DIE SCHWEDEN AUCH MIT DER PRODUKTION VON LASTWAGEN UND PERSONENWAGEN. IN DEN JAHREN 1969–1995 WURDE DIE ZUSAMMENARBEIT MIT EINER ANDEREN SCHWEDISCHEN MARKE, SAAB, FORTGESETZT.
2011 WURDE DIE SCHWEDISCHE MARKE VOLLSTÄNDIG VON DER VOLKSWAGEN AG ÜBERNOMMEN.

SCANIA
MLB 859
SCANIA
770 S

Sisu

SISU IST EIN FINNISCHER HERSTELLER VON LKW, MILITÄR- UND SPEZIALFAHRZEUGEN MIT HAUPTSITZ IN KARIS, FINNLAND. DAS UNTERNEHMEN WURDE 1931 GEGRÜNDET. DERZEIT VERWENDEN AUTOS, DIE UNTER DER MARKE SISU VERKAUFT WERDEN, KABINEN VON RENAULT PREMIUM. ABGESEHEN VON DER UNTERSCHIEDLICHEN GESTALTUNG DES FRONTGRILLS UND DES SISU-LOGOS UNTERSCHEIDET SICH DIE KABINE NICHT VON DENEN, DIE IN PRODUKTEN VON RENAULT TRUCKS VERWENDET WERDEN. AUSSERHALB FINNLANDS SIND SISU-FAHRZEUGE UNTER ANDEREM FÜR ESTLAND, LITAUEN, LETTLAND, RUSSLAND UND SCHWEDEN BEKANNT. SISU HAT AUSSERDEM EIN SEPARATES UNTERNEHMEN IN ESTLAND GEGRÜNDET, DAS SICH AUF DEN AUFBAU EINES VERTRIEBS- UND SERVICENETZWERKS SPEZIALISIERT HAT. SISU-LASTWAGEN WERDEN IM NAHEN OSTEN AUCH VON FINNISCHEN ARMEEEINHEITEN EINGESETZT, DIE IN UN-FRIEDENSMISSIONEN OPERIEREN.

Tata

TATA IST DER GRÖSSTE PRIVATE PKW-, BUS- UND LKW-HERSTELLER SOWIE EIN INDISCHER INDUSTRIEGIGANT. TATA MOTORS IST TEIL DER VON JAMSETJI TATA GEGRÜNDETEN TATA GROUP. FAHRZEUGE DIESER MARKE WERDEN HAUPTSÄCHLICH AUF DEM ASIATISCHEN KONTINENT VERKAUFT, OBWOHL DAS UNTERNEHMEN SIE SEIT EINIGER ZEIT AUCH AUF EINIGEN EUROPÄISCHEN MÄRKTEN ANBIETET. TATA-AUTOS WERDEN IN ITALIEN, SPANIEN, DER TÜRKEI UND POLEN VERKAUFT.

TATA
4938.S
TATA
PRIMA
PRIMA
FUELNEXT
XT
FU

Tatra

TATRA IST EIN TSCHECHISCHES AUTOMOBILUNTERNEHMEN, DAS 1850 VON IGNÁC ŠUSTAL GEGRÜNDET WURDE. DIE GESCHICHTE DER TATRA GEHT AUF DAS JAHR 1850 ZURÜCK, ALS IGNÁC ŠUSTALA EINE WERKSTATT ZUR HERSTELLUNG VON PFERDEKUTSCHEN GRÜNDETE, DIE BIS 1925 HERGESTELLT WURDEN. 1881 WURDE DIE TÄTIGKEIT DES UNTERNEHMENS UM DIE PRODUKTION VON EISENBAHNWAGGONS ERWEITERT, UND 1897 DER ERSTE PERSONENWAGEN WURDE PRODUZIERT. IN DEN 1920ER JAHREN BEGANN TATRA MIT DER PRODUKTION TECHNOLOGISCH FORTSCHRITTLICHER LASTWAGEN. AKTUELL VERKAUFT TATRA SEINE FAHRZEUGE Z.B. NACH INDIEN, AUSTRALIEN, BRASILIEN UND SAUDI-ARABIEN.

Toyota
JAPANISCHE AUTOMOBILMARKE, 1918 VON SAKICHI TOYODA GEGRÜNDET, UND SEIN UNTERNEHMEN WAREN ZUNÄCHST IN DER BEKLEIDUNGSINDUSTRIE TÄTIG. DIE AUTOMOBILABTEILUNG WURDE 1933 GEGRÜNDET UND ZWEI JAHRE SPÄTER WURDE DER ERSTE PROTOTYP GEBAUT. TOYOTA IST EINER DER GRÖSSTEN AUTOMOBILKONZERNE DER WELT UND VERKAUFT ERFOLGREICH LASTWAGEN UND TRANSPORTER.

CREATING A ZERO-EMISSIONS WORLD
HEAVY-DUTY PROGRESS POWERED BY
TOYACE
TOYOTA
トラック市

Ural

URALAZ IST EIN RUSSISCHER LKW-HERSTELLER MIT SITZ IN DER STADT MIASS IN DER REGION TSCHELJABINSK. DIE AUTOS WERDEN UNTER DER MARKE URAL ANGEBOTEN.
AM 8. JULI 1944 WURDE DER ERSTE LASTWAGEN NAMENS ZAKHAR PRODUZIERT. DAS UNTERNEHMEN GEHÖRT SEIT 2005 ZUM GAZ-KONZERN, UND DIE PRIORITÄT DER FABRIK IST DIE MILITÄRISCHE PRODUKTION. URALAZ PRODUZIERT ALLRADFAHRZEUGE IN DEN KONFIGURATIONEN 4×4, 6×6, 8×8 UND 10×10.

ZAD 609

Volvo

VOLVO IST EIN LKW-HERSTELLER MIT SITZ IN
GÖTEBORG, SCHWEDEN, IM BESITZ VON VOLVO AB.
IM JAHR 2016 WAR ES DER ZWEITGRÖSSTE
HERSTELLER VON SCHWEREN LKW WELTWEIT. DER
ERSTE VOLVO-LKW LIEF 1928 VOM BAND, UND 2016
BESCHÄFTIGTE VOLVO TRUCKS WELTWEIT ÜBER
52.000 MITARBEITER. VOLVO FERTIGT UND
MONTIERT LASTWAGEN IN ACHT EIGENEN
MONTAGEWERKEN UND NEUN FABRIKEN, DIE
LOKALEN INTERESSENGRUPPEN GEHÖREN. VOLVO
TRUCKS PRODUZIERT UND VERKAUFT JÄHRLICH
ÜBER 190.000 EINHEITEN.

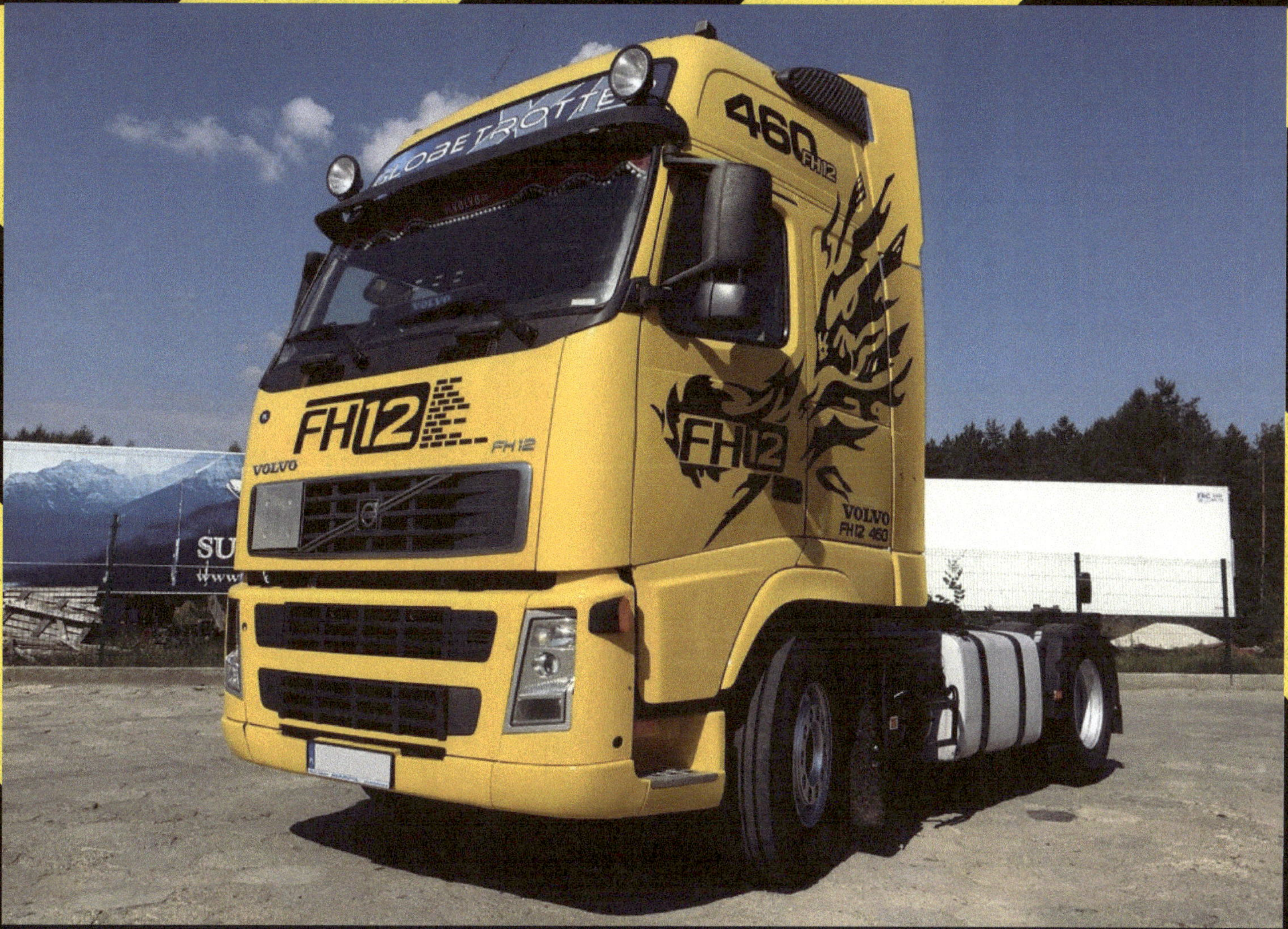
460
FH12
FH12
FH 12
VOLVO
FH12
VOLVO
FH12 460

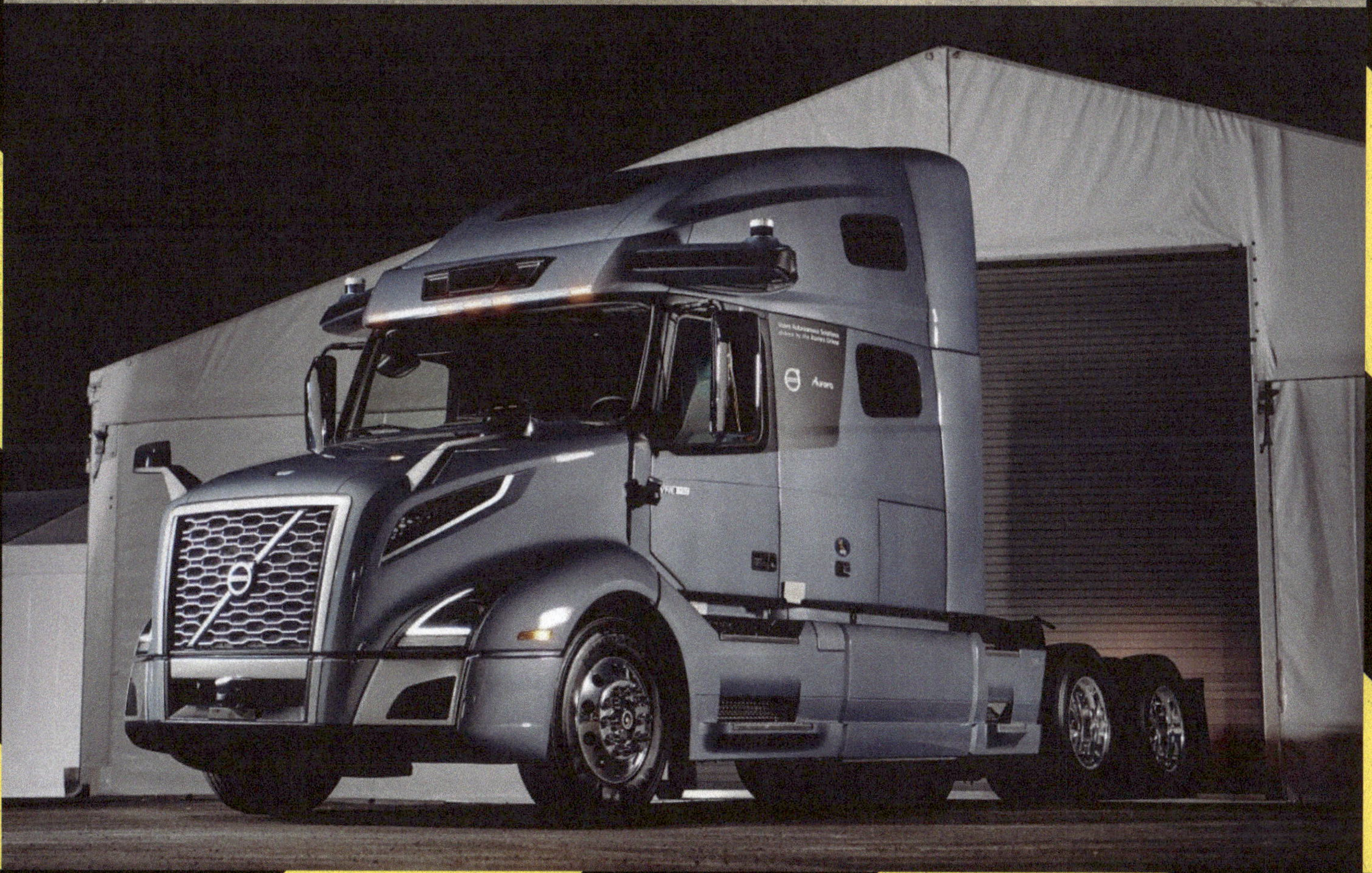

Western star

WESTERN STAR IST EIN AMERIKANISCHER LKW-HERSTELLER MIT SITZ IN PORTLAND, OREGON. DAS UNTERNEHMEN WURDE ZUNÄCHST 1967 GEGRÜNDET ALS MARKE DER WHITE MOTOR COMPANY, UNTER DER FAHRZEUGE AN DER WESTKÜSTE DER VEREINIGTEN STAATEN ANGEBOTEN WURDEN. WESTERN STAR LIEFERT LKW HAUPTSÄCHLICH FÜR DEN SPEZIALEINSATZ. DIE MARKE IST SEHR BELIEBT BEI HOLZTRANSPORTERN, BAUUNTERNEHMEN UND UNTERNEHMEN, DIE ÜBERGROSSE TRANSPORTE DURCHFÜHREN.

auch prüfen:

und vieles mehr!

www.ingramcontent.com/pod-product-compliance
Lightning Source LLC
LaVergne TN
LVHW071453180726
843512LV00018B/1364